Wilhelm Busch
Schein und Sein
Gedichte

SEVERUS Verlag

Busch, Wilhelm: Schein und Sein. Gedichte. 2018
Neuauflage der Ausgabe von 1941
ISBN: 978-3-96345-007-5

Korrektorat: Dagmar Tietgen
Satz: Dagmar Tietgen

Umschlaggestaltung: Annelie Lamers, SEVERUS Verlag
Umschlagmotiv: Designed by macrovector / Freepik / pixabay.com

Bibliografische Information der Deutschen Nationalbibliothek: Die Deutsche Nationalbibliothek verzeichnet diese Publikation in der Deutschen Nationalbibliografie; detaillierte bibliografische Daten sind im Internet über https://dnb.de abrufbar.

Der SEVERUS Verlag ist ein Imprint der Bedey & Thoms Media GmbH, Hermannstal 119k, 22119 Hamburg

---

SEVERUS Verlag, 2018
http://www.severus-verlag.de
Gedruckt in Deutschland
Der SEVERUS Verlag übernimmt keine juristische Verantwortung oder irgendeine Haftung für evtl. fehlerhafte Angaben und deren Folgen.

Wilhelm Busch

Schein und Sein
Gedichte

Inhalt

Schein und Sein 3
Woher, wohin? 4
Der Stern 5
Leider! 6
Unbeliebtes Wunder 7
Abschied 10
Der Renommist 11
Doppelte Freude 13
Greulich 14
Modern 15
Der fremde Hund 16
So war's 17
Die Nachbarskinder 18
Von selbst 19
Beneidenswert 20
Auch er 21
Die alte Sorge 22
Eitelkeit 23
Vielleicht 24
Gedankenvoll 25
Niemals 27
Beruhigt 28
Fehlgeschossen 29
Unbillig 30
Er ist mal so 31
Verzeihlich 32
Befriedigt 33
Gestört 34
Armer Haushalt 35
Ärgerlich 36
Gedrungen 37
Im Sommer 38

KÜNFTIG	39
VERGEBLICH	40
VERSÄUMT	41
WASSERMUHMEN	42
DAS BLUT	43
SO NICHT	44
LASS IHN	45
BIS AUF WEITERS	46
GRÜNDER	47
ENTRÜSTET	48
WIEDERGEBURT	49
GLÜCKSPILZ	50
IMMERFORT	51
VERFRÜHT	52
NÖRGELN	53
VERTRAUT	54
TRÖSTLICH	55
UNFREI	56
ZWEI JUNGFERN	57
RECHTHABER	58
BÖS UND GUT	59
IMMERHIN	60
ERBAULICHE BESCHEIDENHEIT	62
ICH BIN PAPA	64
GRÜNDLICHE HEILUNG	66
FRÜHLINGSLIED	68
ZU NEUJAHR	70
IN TRAUTER VERBORGENHEIT	71
DER TÜRMER	73
BUCH DES LEBENS	75

Schein und Sein

Mein Kind, es sind allhier die Dinge,
Gleichwohl, ob große, ob geringe,
Im Wesentlichen so verpackt
Dass man sie nicht wie Nüsse knackt.

Wie wolltest du dich unterwinden,
Kurzweg die Menschen zu ergründen.
Du kennst sie nur von außenwärts.
Du siehst die Weste, nicht das Herz.

Woher, wohin?

Wo sich Ewigkeiten dehnen,
Hören die Gedanken auf,
Nur der Herzen frommes Sehnen
Ahnt, was ohne Zeitenlauf.

Wo wir waren, wo wir bleiben,
Sagt kein kluges Menschenwort;
Doch die Grübelgeister schreiben:
Bist du weg, so bleibe fort.

Lass dich nicht aufs neu gelüsten.
Was geschah, es wird geschehn.
Ewig an des Lebens Küsten
Wirst du scheiternd untergehn.

Der Stern

Hätt einer auch fast mehr Verstand
Als wie die drei Weisen aus Morgenland
Und ließe sich dünken, er wär wohl nie
Dem Sternlein nachgereist wie sie;
Dennoch, wenn nun das Weihnachtsfest
Seine Lichtlein wonniglich scheinen lässt,
Fällt auch auf sein verständig Gesicht,
Er mag es merken oder nicht,
Ein freundlicher Strahl
Des Wundersternes von dazumal.

Leider!

So ist's in alter Zeit gewesen,
So ist es, fürcht' ich, auch noch heut.
Wer nicht besonders auserlesen,
Dem macht die Tugend Schwierigkeit.

Aufsteigend musst du dich bemühen,
Doch ohne Mühe sinkest du.
Der liebe Gott muss immer ziehen,
Dem Teufel fällt's von selber zu.

Unbeliebtes Wunder

In Tours, zu Martin Bischofs Zeit,
Gab's Krüppel viel und Bettelleut.
Darunter auch ein Ehepaar,
Was glücklich und zufrieden war.
Er, sonst gesund, war blind und stumm;
Sie sehend, aber lahm und krumm
An jedem Glied, bis auf die Zunge
Und eine unverletzte Lunge.

Das passte schön. Sie reitet ihn
Und, selbstverständlich, leitet ihn
Als ein geduldig Satteltier,
Sie obenauf, er unter ihr,
Ganz einfach mit geringer Müh,
Bloß durch die Worte hott und hü,
Bald so, bald so, vor allen Dingen
Dahin, wo grad die Leute gingen.

Fast jeder, der's noch nicht gesehn,
Bleibt unwillkürlich stille stehn,
Ruft: „Lieber Gott, was ist denn das?"
Greift in den Sack, gibt ihnen was
Und denkt noch lange gern und heiter
An dieses Ross und diesen Reiter.

So hätten denn gewiss die zwei
Durch fortgesetzte Bettelei,
Vereint in solcherlei Gestalt,
Auch ferner ihren Unterhalt,
Ja, ein Vermögen sich erworben,
Wär' Bischof Martin nicht gestorben.

Als dieser nun gestorben war,
Legt man ihn auf die Totenbahr
Und tät' ihn unter Weheklagen
Fein langsam nach dem Dome tragen
Zu seiner wohlverdienten Ruh.

Und sieh, ein Wunder trug sich zu.
Da, wo der Zug vorüber kam,
Wer irgend blind, wer irgend lahm,
Der fühlte sich sogleich genesen,
Als ob er niemals krank gewesen.

Oh, wie erschrak die lahme Frau!
Von weitem schon sah sie's genau,
Weil sie hoch oben, wie gewohnt,
Auf des Gemahles Rücken thront.
„Lauf", rief sie, „laufe schnell von hinnen,
Damit wir noch beizeit entrinnen."
Er läuft, er stößt an einen Stein,
Er fällt und bricht beinah ein Bein.

Die Prozession ist auch schon da.
Sie zieht vorbei. Der Blinde sah,
Die Lahme, ebenfalls kuriert,
Kann gehn, als wie mit Öl geschmiert,
Und beide sind wie neugeboren
Und kratzen sich verdutzt die Ohren.

Jetzt fragt es sich: Was aber nun?
Wer leben will, der muss was tun.
Denn wer kein Geld sein eigen nennt
Und hat zum Betteln kein Talent
Und hält zum Stehlen sich zu fein
Und mag auch nicht im Kloster sein,
Der ist fürwahr nicht zu beneiden.
Das überlegten sich die beiden.

Sie, sehr begabt, wird eine fesche
Gesuchte Plätterin der Wäsche.
Er, mehr beschränkt, nahm eine Axt
Und spaltet Klötze, dass es knackst,
Von Morgens früh bin in die Nacht.
Das hat Sankt Martin gut gemacht.

Abschied

Die Bäume hören auf zu blühn,
Mein Schatz will in die Fremde ziehn;
Mein Schatz, der sprach ein bittres Wort:
Du bleibst nun hier, aber ich muss fort.

Leb wohl, mein Schatz, ich bleib dir treu,
Wo du auch bist, wo ich auch sei.
Bei Regen und bei Sonnenschein,
Solang ich lebe, gedenk ich dein.

Solang ich lebe, lieb ich dich,
Und wenn ich sterbe, bet für mich,
Und wenn du kommst zu meinem Grab,
So denk, dass ich dich geliebet hab.[*]

---

[*] Einst in München geschrieben als Ergänzung zu der letzten Strophe, die Freund Krempelsetzer, der das Ganze komponierte, aus dem Volksmunde behalten hatte.

Der Renommist

In einem Winkel, genannt die Butze,
Wo allerlei Kram,
Der nichts mehr nutze,
Zusammenkam;
Bei alten Hüten, alten Vasen,
Bei Töpfen ohne Henkel und Nasen,
Befand sich ein Reiterstiefel auch,
Jetzt nur noch ein faltiger Lederschlauch.
Großmächtig hat er das Wort geführt
Und ganz gewaltiglich renommiert:

„Ha, damals! Ich und mein Kamerad!
Immer fein gewichst von hinten und vorn,
Blitzblank der Sporn,
Durch die Straßen geklirrt,
Alle Herzen verwirrt,
Es war ein Staat!
Hurra, der Krieg,
Maustot oder Sieg!
Unser Herr Leutenant,
Schneidig, Schwert in der Hand;
Doch hätt ich nicht gespornt sein Pferd,
Verloren wär die Schlacht von Wörth."

In dem Moment, zu aller Schrecke,
Trat plötzlich hervor aus seiner Ecke
Ein strammer Reiserbesen.
„Hinaus!" rief er, „du alter Renommist:
Was schert es uns, was du gewesen;
Wir sehen, was du bist!" –

Ein Schubs. Ein Schwung.
Der Stiefel liegt draußen auf dem Dung.

Doppelte Freude

Ein Herr warf einem Bettelmann
Fünf Groschen in den Felber.
Das tat dem andern wohl, und dann
Tat es auch wohl ihm selber.

Der eine, weil er gar so gut,
Kann sich von Herzen loben;
Der andre trinkt sich frischen Mut
Und fühlt sich auch gehoben.

GREULICH

Er hatte, was sich nicht gehört,
Drei Bräute an der Zahl
Und nahm, nachdem er sie betört,
'ne vierte zum Gemahl.

Allein, es war ein kurzes Glück.
Kaum waren sie getraut,
So hat der Hund auch diesen Strick
Schon wieder abgekaut.

Modern

Hinweg mit diesen alten Herrn,
Sie sind zu nichts mehr nütz!
So rufen sie und nähmen gern
Das Erbe in Besitz.

Wie andre Erben, die in Not,
Vergeblich warten sie.
Der alte reiche Hoffetot,
Der stirbt bekanntlich nie.

DER FREMDE HUND

Was fällt da im Boskettgesträuch
Dem fremden Hunde ein?
Geht man vorbei, so bellt er gleich
Und scheint wie toll zu sein.

Der Gärtner holt die Flinte her.
Es knallt im Augenblick.
Der arme Hund, getroffen schwer,
Wankt ins Gebüsch zurück.

Vier kleine Hündchen liegen hier
Nackt, blind und unbewusst.
Sie saugen emsig alle vier
An einer toten Brust.

So war's

Der Teetopf war so wunderschön,
Sie liebt' ihn wie ihr Leben.
Sie hat ihm leider aus Versehn
Den Todesstoß gegeben.

Was sie für Kummer da empfand,
Nie wird sie es vergessen.
Sie hielt die Scherben aneinand
Und sprach: So hat's gesessen!

DIE NACHBARSKINDER

Wer andern gar zu wenig traut,
Hat Angst an allen Ecken;
Wer gar zu viel auf andre baut,
Erwacht mit Schrecken.

Es trennt sie nur ein leichter Zaun,
Die beiden Sorgengründer;
Zu wenig und zu viel Vertraun
Sind Nachbarskinder.

Von selbst

Spare deine guten Lehren
Für den eigenen Genuss.
Kaum auch wirst du wen bekehren,
Zeigst du, wie mans machen muss.

Lass ihn im Galoppe tollen,
Reite ruhig deinen Trab.
Ein zu ungestümes Wollen
Wirft von selbst den Reiter ab.

BENEIDENSWERT

Sahst du noch nie die ungemeine
Und hohe Kunstgelenkigkeit,
Sowohl der Flügel wie der Beine,
Im Tierbereich mit stillem Neid?

Sieh nur, wie aus dem Felsgeklüfte
Auf seinen Schwingen wunderbar
Bis zu den Wolken durch die Lüfte
In stolzen Kreisen schwebt der Aar.

Sieh nur das Tierchen, das geringe,
Das zu benennen sich nicht ziemt,
Es ist durch seine Meistersprünge,
Wenn nicht beliebt, so doch berühmt.

Leicht zu erlegen diese beiden,
Das schlag dir lieber aus dem Sinn.
Wer es versucht, der wird bescheiden,
Sei's Jäger oder Jägerin.

Auch er

Rührend schöne Herzgeschichten,
Die ihm vor der Seele schweben,
Weiß der Dichter zu berichten.
Wovon aber soll er leben?

Was er fein zusammen harkte,
Sauber eingebundne Werklein,
Führt er eben auch zu Markte,
Wie der Bauer seine Ferklein.

Die alte Sorge

Er kriegte Geld. Die Sorge wich,
Die ihn bisher beklommen.
Er hat die Jungfer Fröhlich sich
Zu seinem Schatz genommen.

Sie tranken Wein, sie aßen fein,
Sie sangen zum Klaviere;
Doch wie sie sich so recht erfreun,
Da klopft es an die Türe.

Die alte Sorge war's, o weh,
Die magerste der Sorgen.
Sie setzte sich ins Kanapee
Und wünschte guten Morgen.

EITELKEIT

Ein Töpfchen stand im Dunkeln
An stillverborgener Stelle.
Ha, rief es, wie wollt ich funkeln,
Käm ich nur mal ins Helle.

Ihm geht es wie vielen Narren.
Säß einer auch hinten im Winkel,
So hat er doch seinen Sparren
Und seinen aparten Dünkel.

Vielleicht

Sage nie: Dann soll's geschehen!
Öffne dir ein Hinterpförtchen
Durch „Vielleicht", das nette Wörtchen,
Oder sag: Ich will mal sehen!

Denk an des Geschickes Walten.
Wie die Schiffer auf den Plänen
Ihrer Fahrten stets erwähnen:
Wind und Wetter vorbehalten!

GEDANKENVOLL

Ich weiß ein stilles Fensterlein,
Liegt heimlich und versteckt,
Das hat mit Laub der grüne Wein
Und Ranken überdeckt.

Im Laube spielt der Sommerwind,
Die Rebe schwankt und nickt,
Dahinter sitzt ein hübsches Kind
Gedankenvoll und stickt.

Im jugendklaren Angesicht
Blüht wundersüß der Mund
Als wie ein Rosenknösplein licht
Früh in der Morgenstund.

Im Netzgeflecht das blonde Haar
Umfasst ein braunes Band,
Das liebe blaue Augenpaar
Blickt sinnend auf die Hand.

Und's Köpfchen scheint so still zu sein.
Ist doch ein Taubenschlag.
Gedanken fliegen aus und ein
Den lieben langen Tag.

Sie fliegen über Wald und Flur
Ins weite Land hinaus.
Ach, käm ein einzig Täubchen nur
Und flöge in mein Haus.

Niemals

Wonach du sehnlich ausgeschaut,
    Es wurde dir beschieden.
Du triumphierst und jubelst laut:
    Jetzt hab ich endlich Frieden!

Ach, Freundchen, rede nicht so wild,
    Bezähme deine Zunge!
Ein jeder Wunsch, wenn er erfüllt,
    Kriegt augenblicklich Junge.

BERUHIGT

Zwei mal zwei gleich vier ist Wahrheit.
Schade, dass sie leicht und leer ist,
Denn ich wollte lieber Klarheit
Über das, was voll und schwer ist.

Emsig sucht ich aufzufinden,
Was im tiefsten Grunde wurzelt,
Lief umher nach allen Winden
Und bin oft dabei gepurzelt.

Endlich baut ich eine Hütte.
Still nun zwischen ihren Wänden
Sitz ich in der Welten Mitte,
Unbekümmert um die Enden.

FEHLGESCHOSSEN

Fritz war ein kecker Junge
Und sehr geläufig mit der Zunge.
Einstmals ist er beim Ährenlesen
Draußen im Felde gewesen,
Wo die Weizengarben, je zu zehn,
Wie Häuslein in der Reihe stehn.
Ein Wetter zog herauf.
Da heißt es: Lauf!
Und flink wie ein Mäuslein
Schlüpft er ins nächste Halmenhäuslein.
Krach! – Potztausend nochmal!
Dicht daneben zündet der Wetterstrahl.
Ätsch, rief der Junge, der nicht bange,
Und streckt die Zunge aus, die lange:
Fehlgeschossen, Herr Blitz!
Hier saß der Fritz!

UNBILLIG

Nahmst du in diesem großen Haus
Nicht selbst Quartier?
Missfällt es dir, so zieh doch aus.
Wer hält dich hier?

Und schimpfe auf die Welt, mein Sohn,
Nicht gar zu laut.
Eh du geboren, hast du schon
Mit dran gebaut.

ER IST MAL SO

Zwar mit seinem losen Mund
Neigt er zum Krakeele.
Dabei ist er doch im Grund
Eine treue Seele.

Die er seine Freunde nennt,
Dulden seine Witze,
Denn ein jeder, der ihn kennt,
Kennt auch seine Mütze.

Verzeihlich

Er ist ein Dichter, also eitel.
Und, bitte, nehmt es ihm nicht krumm,
Zieht er aus seinem Lügenbeutel
So allerlei Brimborium.

Juwelen, Gold und stolze Namen,
Ein hohes Schloss im Mondenschein
Und schöne höchstverliebte Damen,
Dies alles nennt der Dichter sein.

Indessen ist ein enges Stübchen
Sein ungeheizter Aufenthalt.
Er hat kein Geld, er hat kein Liebchen,
Und seine Füße werden kalt.

Befriedigt

Er g'hört, als eines von den Lichtern,
Die höher stets und höher steigen,
Bereits zu unsern besten Dichtern,
Das lässt sich leider nicht verschweigen.

Was weiß man von den Sittenrichtern? –
Er lebt von seiner Frau geschieden,
Hat Schulden, ist nicht immer nüchtern –
Aha, jetzt sind wir schon zufrieden.

Gestört

Ich gedachte still zu sitzen,
Doch sogleich begann das Treiben:
Du musst gehen, laufen, schwitzen,
Um so forsch wie wir zu bleiben.

Und sie wollten mir nach ihrer
Mode keine Ruhe gönnen,
Gleich wie Boten und Hausierer
Sollt ich hin und wider rennen.

Ich besah mir diese Geister,
Diese ungestümen Treiber.
Oft sind solche weisen Meister
Grad die ärgsten Klageweiber.

Armer Haushalt

Weh, wer ohne rechte Mittel
Sich der Poesie vermählt!
Täglich dünner wird der Kittel,
Und die Milch im Hause fehlt.

Ängstlich schwitzend muss er sitzen,
Fort ist seine Seelenruh,
Und vergeblich an den Zitzen
Zupft er seine magre Kuh.

ÄRGERLICH

Aus der Mühle schaut der Müller,
Der so gerne mahlen will.
Stiller wird der Wind und stiller,
Und die Mühle stehet still.

So gehts immer, wie ich finde,
Rief der Müller voller Zorn.
Hat man Korn, so fehlts am Winde,
Hat man Wind, so fehlt das Korn.

Gedrungen

Schnell wachsende Keime
Welken geschwinde;
Zu lange Bäume
Brechen im Winde.

Schätz nach der Länge
Nicht das Entsprungne!
Fest im Gedränge
Steht das Gedrungne.

Im Sommer

In Sommerbäder
Reist jetzt ein jeder
Und lebt famos.
Der arme Dokter,
Zu Hause hockt er
Patientenlos.

Von Winterszenen,
Von schrecklich schönen,
Träumt sein Gemüt,
Wenn, Dank der Götter,
Bei Hundewetter
Sein Weizen blüht.

Künftig

O komm herbei, du goldne Zeit,
Wenn alle, die jetzt bummeln,
In schöner Unparteilichkeit
Sich bei der Arbeit tummeln.

Der Lärm, womit der Musikant
Uns stört, wird dann geringer.
Wer Dünger fuhr, wer Garben band,
Dem krümmen sich die Finger.

Vergeblich

Schon recht. Du willst als Philosoph
Die Wahrheit dir gewinnen;
Du machst mit Worten ihr den Hof,
Um so sie einzuspinnen.

Nur sage nicht, dass zwischen dir
Und ihr schon alles richtig.
Sie ist und bleibt, das wissen wir,
Jungfräulich, keusch und züchtig.

VERSÄUMT

Zur Arbeit ist kein Bub geschaffen,
Das Lernen findet er nicht schön;
Er möchte träumen, möchte gaffen
Und Vogelnester suchen gehn.

Er liebt es, lang im Bett zu liegen.
Und wie es halt im Leben geht:
Grad zu den frühen Morgenzügen
Kommt man am leichtesten zu spät.

Wassermuhmen

In dem See die Wassermuhmen
Wollen ihr Vergnügen haben,
Fangen Mädchen sich und Knaben,
Machen Frösche draus und Blumen.

Wie die Blümlein zierlich knicksen,
Wie die Fröschlein zärtlich quacken,
Wie sie flüstern, wie sie schnacken,
So was freut die alten Nixen.

Das Blut

Wie ein Kranker, den das Fieber
Heiß gemacht und aufgeregt,
Sich herüber und hinüber
Auf die andre Seite legt –

So die Welt. Vor Hass und Hader
Hat sie niemals noch geruht.
Immerfort durch jede Ader
Tobt das alte Sünderblut.

So nicht

Ums Paradies ging eine Mauer
Hübsch hoch vom besten Marmelstein.
Der Kain, als ein Bub, ein schlauer,
Denkt sich: Ich komme doch hinein.

Er stieg hinauf zu diesem Zwecke
An einer Leiter mäuschenstumm.
Da schlich der Teufel um die Ecke
Und stieß ihn samt der Leiter um.

Der Vater Adam, ders gesehen,
Sprach, während er ihn liegen ließ:
Du Schlingel! Dir ist recht geschehen.
So kommt man nicht ins Paradies.

Lass ihn

Er ist verliebt, lass ihn gewähren,
Bekümmre dich um dein Pläsier,
Und kommst du gar, ihn zu bekehren,
Wirft er dich sicher vor die Tür.

Mit Gründen ist da nichts zu machen.
Was einer mag, ist seine Sach,
Denn kurz gesagt: In Herzenssachen
Geht jeder seiner Nase nach.

Bis auf weiters

Das Messer blitzt, die Schweine schrein,
Man muss sie halt benutzen,
Denn jeder denkt: „Wozu das Schwein,
Wenn wir es nicht verputzen?"

Und jeder schmunzelt, jeder nagt
Nach Art der Kannibalen,
Bis man dereinst „Pfui Teufel!" sagt
Zum Schinken aus Westfalen.

GRÜNDER

Geschäftig sind die Menschenkinder,
Die große Zunft von kleinen Meistern,
Als Mitbegründer, Miterfinder
Sich diese Welt zurecht zu kleistern.

Nur leider kann man sich nicht einen,
Wie man das Ding am besten mache.
Das Bauen mit belebten Steinen
Ist eine höchst verzwickte Sache.

Welch ein Gedränge und Getriebe
Von Lieb und Hass bei Nacht und Tage,
Und unaufhörlich setzt es Hiebe,
Und unaufhörlich tönt die Klage.

Gottlob! es gibt auch stille Leute,
Die meiden dies Gewühl und hassen's
Und bauen auf der andern Seite
Sich eine Welt des Unterlassens.

ENTRÜSTET

Zu gräßlich hatt' er mich geneckt.
Wie weh war mir zu Sinn!
Und tief gekränkt und aufgeschreckt
Zum Kirchhof lief ich hin.

Ich saß auf einem Leichenstein,
Die Augen weint ich rot.
Ach, lieber Gott, erbarm dich mein
Und mach mich endlich tot.

Sieht er mich dann in meinem Sarg,
So wird er lebenssatt
Und stirbt vor Gram, weil er so arg
Mein Herz behandelt hat.

Kaum wars gesagt, so legten sich
Zwei Arme um mich her,
Und auf der Stelle fühlte ich,
Wer das getan, war er.

Wir kehrten Arm in Arm zurück.
Ich sah ihn an bei Licht.
Nein, solchen treuen Liebesblick
Hat doch kein Bösewicht.

WIEDERGEBURT

Wer nicht will, wird nie zunichte,
Kehrt beständig wieder heim.
Frisch herauf zum alten Lichte
Dringt der neue Lebenskeim.

Keiner fürchte zu versinken,
Der ins tiefe Dunkel fährt.
Tausend Möglichkeiten winken
Ihm, der gerne wiederkehrt.

Dennoch seh ich dich erbeben,
Eh du in die Urne langst.
Weil dir bange vor dem Leben,
Hast du vor dem Tode Angst.

GLÜCKSPILZ

Geboren ward er ohne Wehen
Bei Leuten, die mit Geld versehen.
Er schwänzt die Schule, lernt nicht viel,
Hat Glück bei Weibern und im Spiel,
Nimmt eine Frau sich, eine schöne,
Erzeugt mit ihr zwei kluge Söhne,
Hat Appetit, kriegt einen Bauch,
Und einen Orden kriegt er auch,
Und stirbt, nachdem er aufgespeichert
Ein paar Milliönchen, hochbetagt;
Obgleich ein jeder weiß und sagt:
Er war mit Dummerjan geräuchert!

Immerfort

Das Sonnenstäubchen fern im Raume,
Das Tröpfchen, das im Grase blinkt,
Das dürre Blättchen, das vom Baume
Im Hauch des Windes niedersinkt –

Ein jedes wirkt an seinem Örtchen
Still weiter, wie es muss und mag,
Ja, selbst ein leises Flüsterwörtchen
Klingt fort bis an den Jüngsten Tag.

Verfrüht

Papa, nicht wahr,
Im nächsten Jahr,
Wenn ich erst groß
Und lesen kann und schreiben kann,
Dann krieg ich einen hübschen Mann
Mit einer Ticktackuhr
An einer goldnen Schnur.
Der nimmt mich auf den Schoß
Und sagt zu mir: Mein Engel,
Und gibt mir Zuckerkrengel
Und Kuchen und Pasteten.
Nicht wahr, Papa?
Der Vater brummt: Na, na,
Was ist das für Gefabel!
Die Vögel, die dann flöten,
Die haben noch keinen Schnabel.

Nörgeln

Nörgeln ist das Allerschlimmste,
Keiner ist davon erbaut;
Keiner fährt, und wärs der Dümmste,
Gern aus seiner werten Haut.

Vertraut

Wie liegt die Welt so frisch und tauig
Vor mir im Morgensonnenschein.
Entzückt vom hohen Hügel schau ich
Ins frühlingsgrüne Tal hinein.

Mit allen Kreaturen bin ich
In schönster Seelenharmonie.
Wir sind verwandt, ich fühl es innig,
Und eben darum lieb ich sie.

Und wird auch mal der Himmel grauer;
Wer voll Vertraun die Welt besieht,
Den freut es, wenn ein Regenschauer
Mit Sturm und Blitz vorüberzieht.

TRÖSTLICH

Die Lehre von der Wiederkehr
Ist zweifelhaften Sinns.
Es fragt sich sehr, ob man nachher
Noch sagen kann: Ich bins.

Allein was tuts, wenn mit der Zeit
Sich ändert die Gestalt?
Die Fähigkeit zu Lust und Leid
Vergeht wohl nicht so bald.

Unfrei

Ganz richtig, diese Welt ist nichtig.
Auch du, der in Person erscheint,
Bist ebenfalls nicht gar so wichtig,
Wie deine Eitelkeit vermeint.

Was hilft es dir, damit zu prahlen,
Dass du ein freies Menschenkind?
Muss du nicht pünktlich Steuern zahlen,
Obwohl sie dir zuwider sind?

Wärst du vielleicht auch, sozusagen,
Erhaben über gut und schlecht,
Trotzdem behandelt dich dein Magen
Als ganz gemeinen Futterknecht.

Lang bleibst du überhaupt nicht munter.
Das Alter kommt und zieht dich krumm
Und stößt dich rücksichtslos hinunter
Ins dunkle Sammelsurium.

Daselbst umfängt dich das Gewimmel
Der Unsichtbaren, wie zuerst,
Eh du erschienst, und nur der Himmel
Weiß, ob und wann du wiederkehrst.

Zwei Jungfern

Zwei Jungfern gibt es in Dorf und Stadt,
Sie leben beständig im Kriege,
Die Wahrheit, die niemand gerne hat,
Und die scharmante Lüge.

Vor jener, weil sie stolz und prüd
Und voll moralischer Nücken,
Sucht jeder, der sie nur kommen sieht,
Sich schleunigst wegzudrücken.

Die andre, obwohl ihr nicht zu traun,
Wird täglich beliebter und kecker,
Und wenn wir sie von hinten beschaun,
So hat sie einen Höcker.

Rechthaber

Seine Meinung ist die rechte,
Wenn er spricht, müsst ihr verstummen,
Sonst erklärt er euch für Schlechte
Oder nennt euch gar die Dummen.

Leider sind dergleichen Strolche
Keine seltene Erscheinung.
Wer nicht taub, der meidet solche
Ritter von der eignen Meinung.

Bös und gut

Wie kam ich nur aus jenem Frieden
　　Ins Weltgetös?
Was einst vereint, hat sich geschieden,
　　Und das ist bös.

Nun bin ich nicht geneigt zum Geben,
　　Nun heißt es: Nimm!
Ja, ich muss töten, um zu leben,
　　Und das ist schlimm.

Doch eine Sehnsucht blieb zurücke,
　　Die niemals ruht.
Sie zieht mich heim zum alten Glücke,
　　Und das ist gut.

IMMERHIN

Mein Herz, sei nicht beklommen,
Noch wird die Welt nicht alt.
Der Frühling ist wiederkommen,
Frisch grünt der deutsche Wald.

Seit Ururvätertagen
Stehen die Eichen am See,
Die Nachtigallen schlagen,
Zur Tränke kommt das Reh.

Die Sonne geht auf und unter
Schon lange vieltausendmal,
Noch immer eilen so munter
Die Bächlein ins blühende Tal.

Hier lieg ich im weichen Moose
Unter dem rauschenden Baum,
Die Zeit, die wesenlose,
Verschwindet als wie ein Traum.

Von kühlen Schatten umdämmert,
Versink ich in selige Ruh;
Ein Specht, der lustig hämmert,
Nickt mir vertraulich zu.

Mir ist, als ob er riefe:
Heija, mein guter Gesell,
Für ewig aus dunkler Tiefe
Sprudelt der Lebensquell.

ERBAULICHE BESCHEIDENHEIT

Sehr schlecht befand sich Mutter Klöhn.
Sie kann nicht gehn,
Ist krumm und lahm
Und liegt zu Bett und rührt sich nicht.
Seit zwanzig Jahren hat sie schon die Gicht.

Herr Küster Bötel, welcher häufig kam,
Um gute Bessrung ihr zu wünschen,
Erzählt ihr auch des Weitern,
Um sie ein wenig zu erheitern,
Die Mordgeschichte, die man jüngst verbrochen.

Ja, denken Sie nur mal,
Der Präsident von Frankreich ist erstochen
Von einem Strolch
Mit einem Dolch.
Ist das nicht ein Skandal?

Oh, Lüh und Kinners, rief sie voller Graun,
Wat gift et doch vär Minschen.
Sau wat könnt eck doch nich e daun!!

Herr Bötel sprach und sah sie freundlich an:
Dies Wort von Ihnen mag ich leiden.
Ein guter Mensch ist niemals unbescheiden
Und tut nicht mehr, als was er kann.
Adieu, Frau Klöhn!
Auf fröhlich Wiedersehn!

Ich bin Papa

Mitunter schwitzen muss der Schreiner,
Er stößt auf manchen harten Ast.
So geht es auch, wenn unsereiner
Sich mit der Grübelei befasst.

Zum Glück hat meine gute Frau,
Die liebevoll an alles denkt,
Mir einen kleinen Fritz geschenkt,
Denn oft erfreut mich dieser Knabe
Durch seinen kindlichen Radau,
Wenn ich so meine Schrullen habe.

Heut mittag gab es wieder mal
Mein Leibgericht, gespickten Aal,
Und wie ich dann zur Körperpflege,
Die Weste auf, die Augen zu,
Die Hände friedlich auf dem Magen
Im Polsterstuhl mich niederlege,
O weh, ein Schwarm von dummen Fragen
Verscheucht die heißersehnte Ruh.

Ach, wird es mir denn niemals klar,
Wo ich gewesen, eh ich war?
Schwamm ich, verkrümelt in Atome,

Gedankenlos im Wirbelstrome,
Bis ich am Ende mich verdichtet
Zu einer denkenden Person?
Und jetzt, was hab ich ausgerichtet?
Was war der Mühe karger Lohn?
Das Geld ist rar, die Kurse sinken,
Dagegen steigt der Preis der Schinken.
Fast jeden Morgen klagt die Mutter:
Ach, Herr, wie teuer ist die Butter!
Ja, selbst der Vater wird gerührt,
Wenn er sein kleines Brötchen schmiert.
Und doch, trotz dieser Seelenleiden,
Will keiner gern von hinnen scheiden.
Wer weiß?

Ei sieh, wer kommt denn da?
Hallo, der Fritz! Nun wird es heiter,
Nun machen wir den Eselreiter.
Flugs stell ich mich auf alle viere,
Indem ich auf und ab marschiere,
Und rufe kräftig mein I – ah!
Vor Wähligkeit und Übermut.

I – ah! Die Welt ich nicht so übel.
Wozu das närrische Gegrübel?
Ich bin Papa, und damit gut.

Gründliche Heilung

Es saß der fromme Meister
Mit Weib und Kind bei Tisch.
Ach, seine Lebensgeister
Sind nicht wie sonst so frisch.

Er sitzt mit krummem Nacken
Vor seinem Leibgericht,
Er hält sich beide Backen,
Worin es heftig sticht.

Das brennt wie heiße Kohlen.
Au, schreit er, au, verdammt!
Der Teufel soll sie holen,
Die Zähne allesamt!

Doch gleich, wie es in Nöten
Wohl öfter schon geschah,
Begann er laut zu beten:
Hilf, Apollonia!

Kaum dass aus voller Seele
Er diesen Spruch getan,
Fällt aus des Mundes Höhle
Ihm plötzlich jeder Zahn.

Und schmerzlos, Dank dem Himmel,
Schmaust er, wie sonst der Brauch,
Nur war es mehr Gemümmel,
Und lispeln tät er auch.

Pohsit! Wie klingt so niedlich
Des Meisters Säuselton.
Er trank, entschlummert friedlich,
Und horch, da schnarcht er schon.

FRÜHLINGSLIED

In der Laube von Syringen,
Oh, wie ist der Abend fein!
Brüder, lasst die Gläser klingen,
Angefüllt mit Maienwein.

Heija, der frische Mai,
Er bringt uns mancherlei.
Das Schönste aber hier auf Erden
Ist lieben und geliebt zu werden,
Heija, im frischen Mai.

Über uns die lieben Sterne
Blinken hell und frohgemut,
Denn sie sehen schon von ferne,
Auch hier unten geht es gut.

Wer sich jetzt bei trüben Kerzen
Der Gelehrsamkeit befleißt,
Diesem wünschen wir von Herzen,
Dass er bald Professor heißt.

Wer als Wein- und Weiberhasser
Jedermann im Wege steht,
Der genieße Brot und Wasser,
Bis er endlich in sich geht.

Wem vielleicht sein altes Hannchen
Irgendwie abhanden kam,
Nur getrost, es gab schon manchen,
Der ein neues Hannchen nahm.

Also, eh der Mai zu Ende,
Aufgeschaut und umgeblickt,
Keiner, der nicht eine fände,
Die ihn an ihr Herze drückt.

Jahre steigen auf und nieder;
Aber, wenn der Lenz erblüht,
Dann, ihr Brüder, immer wieder
Töne unser Jubellied.

Heija, der frische Mai,
Er bringt uns mancherlei,
Das Schönste aber hier auf Erden
Ist, lieben und geliebt zu werden,
Heija, im frischen Mai.

Zu Neujahr

Will das Glück nach seinem Sinn
Dir was Gutes schenken,
Sage Dank und nimm es hin
Ohne viel Bedenken.

Jede Gabe sei begrüßt,
Doch vor allen Dingen:
Das, worum du dich bemühst,
Möge dir gelingen.

In trauter Verborgenheit

Ade, ihr Sommertage,
Wie seid ihr so schnell enteilt,
Gar mancherlei Lust und Plage
Habt ihr uns zugeteilt.

Wohl war es ein Entzücken,
Zu wandeln im Sonnenschein,
Nur die verflixten Mücken
Mischten sich immer darein.

Und wenn wir auf Waldeswegen
Dem Sange der Vögel gelauscht,
Dann kam natürlich ein Regen
Auf uns hernieder gerauscht.

Die lustigen Sänger haben
Nach Süden sich aufgemacht,
Bei Tage krächzen die Raben,
Die Käuze schreien bei Nacht.

Was ist das für ein Gesause!
Es stürmt bereits und schneit.
Da bleiben wir zwei zu Hause
In trauter Verborgenheit.

Kein Wetter kann uns verdrießen.
Mein Liebchen, ich und du,
Wir halten uns warm und schließen
Hübsch feste die Türen zu.

Der Türmer

Der Türmer steht auf hohem Söller
Und raucht sein Pfeifchen echten Kneller,
Wobei der alte Invalid
Von oben her die Welt besieht.

Es kommt der Sommer allgemach.
Die Schwalben fliegen um das Dach,
Derweil schon manche stillbeglückt
Im Neste sitzt und fleißig drückt.
Zugleich tritt aus dem Gotteshaus
Ein neuvermähltes Paar heraus,
Das darf sich nun in allen Ehren
Getreulich lieben und vermehren. –

Der Sommer kam, und allenthalben
Schwebt ungezählt das Heer der Schwalben,
Die, wenn sie flink vorüberflitzen,
Des Türmers alten Hut beschmitzen.
Vom Platze unten tönt juchhei,
Die Klosterschüler haben frei,
Sie necken, schrecken, jagen sich,
Sie schlagen und vertragen sich
Und grüßen keck mit Hohngelächter
Des Turmes hochgestellten Wächter. –

Der Sommer ging, die Schwalben setzen
Sich auf das Kirchendach und schwätzen.
Sie warten, bis der Abend da,
Dann flogen sie nach Afrika.
Doch unten, wo die Fackeln scheinen,
Begraben sie mal wieder einen
Und singen ihm nach frommer Weise
Ein Lebewohl zur letzten Reise.

Bedenklich schaut der Türmer drein.
Still geht er in sein Kämmerlein
Zu seinem großen Deckelkrug,
Und als die Glocke zehne schlug,
Nahm er das Horn mit frischem Mut
Und blies ein kräftiges Tuhuht.

Buch des Lebens

Hass, als Minus und vergebens,
Wird vom Leben abgeschrieben.
Positiv im Buch des Lebens
Steht verzeichnet nur das Lieben.
Ob ein Minus oder Plus
Uns verblieben, zeigt der Schluss.

www.ingramcontent.com/pod-product-compliance
Lightning Source LLC
Chambersburg PA
CBHW031836230426
43669CB00009B/1373